호수에 잠긴 그림

김월석 시집

오늘의문학사

호수에 잠긴 그림

❑ **작가의 말**

『호수에 잠긴 그림』을 발간하며

2년 전, 첫 시집 「달 하나 그리고 나」를 내놓았을 때가 생각납니다. 문학에 입문한 지 그다지 오래지 않던 내가 제 멋에 겨워 창작한 시를 모아 첫 시집을 내놓고는 한동안을 걱정과 부끄러움으로 지냈었습니다.

돌이켜보면 겁 없이 곡간에 쌓아 놓은 겉보리 서 말만 불쑥 세상에 내밀고 후회하던 때가 엊그제인데, 지금 또 그 때처럼 내 살붙이나 다름없는 작품들을 세상에 보이려고 합니다.

그때나 지금이나 미력한 작품을 내보이긴 마찬가지지만, 내 자신의 열정이 담긴 글들을 모아놓고 정리하다 보니, 그동안 내가 지은 '시'는 내 삶에 있어 영혼의 안식처요, 내 여린 감성과 마음을 담을 수 있는 그릇이고 도피처였던 것 같습니다.

그동안은 주어진 생활과 일터가 우선이었기에 글에 온전히 매진할 수 없었는데, 정년퇴임이라는 인생의 후반기 내리막길로 다시 태어나는 전환기를 맞아, 새 길에선 좀 더 여유롭게 시와 독서로 인생의 3막을 출발하고자 합니다.

이제 어쩔 수 없이 내 삶의 일부분이 되어버린 문학을 향유하면서, 좀 더 경제적 여유가 된다면 한적한 시골 풍경 보이는 고옥이나 전원마을 주택이라도 얻어, 고즈넉한 뒷방의 앉은뱅이책상에 앉아 계절 따라 볼 수 있는 모든 걸 글로 표현해보고 싶습니다.

자연의 사랑을 먹고 살면서 때로 배고프고 부족하다 싶으면 엉금엉금 끼니를 찾는, 그런 소박한 삶을 사는 게 요즘 제 꿈입니다.

뒤돌아보니, 그동안 얻은 것도 많고 잃은 것도 많았습니다. 그 중에 문학으로 얻은 생면부지 지인들과의 고운 인연, 시집 몇 권은 든든한 재산이 되었습니다. 이러한 재산으로 오늘을 발판삼아, 이제 인생의 2막을 마무리하는 3막의 문턱에서 다시 힘을 얻고 새날을 기약해봅니다.

혹자는 삶을 지탱하는데 중요한 '3금'을 '황금(Gold)', '소금(Solt)', '지금(Now)' 이라고 하는데, 이 중에서 가장 중요한 것은 '지금' 이라 생각합니다. 지금까지 사랑으로 지켜준 가족과 친지들에게 감사한 마음 전하면서, 지금, 두 번째 시집 「호수에 잠긴 그림」 을 세상에 내놓습니다.

2012년 6월에, 玉東 김월석

‖ ‖ ‖ ‖ ‖ **차례** ‖

1 제민천의 봄

2 여름 밤의 소야곡

3 가을 아침 풍경

4 하얀 밤 창가에

5 2막이 내리고 다시 3막이 걷힌다

하나...春

제민천의 봄

기다림

어스름
동녘 창에 빛이 든다.
밤새 나는
그대 지척이다

새벽녘 찔끔
눈 붙여 잠든 사이
어둠 저 너머
다가오는 아련한 미소
꿈속에 꿈이던가

긴긴 외로움
선잠에서 깨어
그대
기다림을 감내하지 못하고

동녘 창
바라보며
조용히 그대를 불러본다.

봄소식

하얀 솜털이 부풀 듯
저기 저 맴도는 물안개

강물을 포근히 감싸 안고
살아 숨 쉴 때마다
철지난 강가,
빈 나루터를 적신다.

홀로, 사색에 젖은 나를
바람이 삼킨다.

잎과 잎, 가지 사이로
녹색 바람이 일어난다
기다림에 서 있던 버드나무
머릿결이 흔들린다.

제민천의 봄

— 공주시에 있는 옥룡동에 있는 지천

도심 한가운데 흐르는 실개천
하수구 악취와
쓰레기 몸살

예쁜 사람들 보살핌으로
시냇물 졸졸 흐르고
은빛 물결에
송사리 떼 지어
상류로 힘차게 차오를 때

도랑에 봄 빛깔
유채꽃 노랑이 아름다운데
꽃향기 멀리 퍼지고

먼 곳에 가 있던
벌 나비들 다시 찾아와
노랑 잎에 살짝
제민천의 봄 냄새 맡고 간다.

안개비 타고 봄 오나?

포근함이 가득 어디서 날아 왔을까. 희뿌연 안개비 대지를 살짝 적시고, 아직은 밤이 오기 전인데 하얀 어둠으로 거리에 장막을 가리고 철시해버린 인적 없는 장터에는 세월의 찌든 때가 물씬.

노후 된 건물상점 처마, 낙숫물 송이송이 맺히고 뿅뿅 떨어지는 낙숫물소리, 은빛구슬 부딪치는 소리

건물 안 뒷방의 소녀 사색에 잠긴 턱을 고이고 창문 너머 자욱한 안개 거리를 바라보며, 소녀 가슴 싱숭생숭 지난 겨울 아픔 쓸어 담고 봄맞이 바삐 준비하여 나가네.

풋풋한 봄이 온다

하늘은 온통 잿빛 되어
산과 산 사이에 막을 이루고
그 아래
강가에는 흰빛 안개구름
홑이불 광목을 풀어헤쳐
강을 덮은 듯
하얀 띠를 두르고
아낙들
강가 먼발치 바라보며
지난날 아쉬움과 새로움
봄맞이 부푼 가슴 설렐 때
버드나무 가지마다
연초록 파릇파릇 돋아나
강바람 푸른 향기
봄 냄새 맞으며
새봄을 한없이 만끽한다.
긴 겨울
얼어붙은 아낙의 시린 가슴
유유히 흐르는 강물에
이제 작별을 고한다.

봄은 왔는데

백설은 간데없고
어느새 봄이 왔다.

숫처녀 가슴처럼
수줍은 꽃망울

방긋한 봉우리
그 위에 비춘 햇살

마른가지 연록이 돋아
만개한 산수화

봄은 왔으나
내 가슴은 봄이 아니다.

세월에 떠밀려가는
생의 굴레에 갇혀 있다.

꽃을 찾는 내 마음

꽃말처럼
예쁘게 살고 싶다
동무 삼으려 꽃길 찾는다.

안개 짙은 새벽
졸린 눈 억지 참아가며
먼 길 찾아 왔건만
꽃잎에 찬이슬 초롱초롱
벌 나비 간데없고
화사한 꽃향기만 그윽하나

찾는 이 없는 쓸쓸한 들녘
입술 하얀 꽃잎에
가득 담긴 사연
한 자 한 자
밑글 그려 넣어

멀리서 기다리는 내 님에게
한 겹 두 겹 쌓은 꽃잎 입술
고이 보내고 싶다

봄날

덩그런 벌판
철지난 회색빛 모습의 잔 자국들
이제 씻어 버릴 때인가 보다
작은 틈새로 새싹이 돋아
새 삶을 연출하려는 자연의 섭리

겨울 뒤끝 이어지는 봄
계절의 순리처럼
가슴에 담아두었던 시련과 미련도
훨훨 벗어 버리고
새로운 삶에 만족해야 하나

아기 울음소리처럼 지저귀다
연한 새싹들 갖은 풍파 헤치고
나이 들어 고목되니
언제일까? 저 언덕 밑
세월에 묻힌 낙엽처럼
진한 녹색 풀냄새를 내뱉겠지.

성곽 빈터

하늘로 솟아오를 듯
첩첩이 쌓아올린 웅장한 돌담장
푸른 이끼 짙게 덮어버린
구릉진 성 터에는
정자나무 그대로 그때 바람 소리

굽이굽이
세월 굴곡에 사라진 흔적들
여기저기 떠돌던 영혼
그리움 남은 민들레 꽃 한 송이
초연히 하늘 우러러볼 때

돌계단 위
노老 장군의 호통소리
바람에 메아리치는데

지금은 가고 없는
한 줌의 흙 어디에 묻혔을까
세상 등진 혼령만
성벽에서 지난 세월 통곡하네.

회상回想

따스한 봄날
그대 그리움에 젖는다

아직도 잊을 수 없는
맑고 고운 모습
내 가슴 가득 남았는데

이제 너무 멀리 가버린
그 해 봄날 떠올리면
지금쯤, 그때 그 사랑
어디서 무얼 하고 있을까?

사무치게 그리운 그대
어제도 오늘도
잊으려나 했는데

갈수록 또렷해지는
그 해 봄날 사랑의 상처
오늘도 동녘 하늘에
그리움 실어 보낸다.

눈빛

모두가 바램이래요
그대의 행복
그대의 만남
꿈같던 아름다운 사랑

시간이 멈춰질까
기도하지만,
순간은 자꾸 멀어지네요

돌아설 무렵
무언의 약속
못내 아쉬움

사랑해요, 사랑해요.
떨어지지 않는 입술 너머
눈빛으로 그대 속삭임
대신하네요
사랑은 이제부터라고.

봄나들이

봄바람 타고 사랑놀이 찾아
아직은 이른 봄 산사를 간다
골자기 물길 사이
회색빛 세월의 흔적들
하나 둘 사라지고
해맑은 개여울 한 폭의 동양화
물결 저편까지 모여든 하늘
두둥실 떠가는 구름
물위에 비추네

심술을 부릴까
조약돌 던져서 지워보지만
방금 흩어졌다 다시 모인 그림
물푸레나무 가지마다
금색 옥색 방울방울 매달려
새싹이 움트려나?
봉우리 터질 듯 말 듯
나무들 가슴앓이 하고
산사를 찾은 연인들
봄바람에 사랑만 깊어가네

밤에 핀 목련이여

깜박이는 가로등 불빛아래
하얀 목련
수줍은 사랑으로 환하다.

청아한 모습, 하얀 미소의
단발머리 목련이여
그대는 찰랑대는 꽃향기로 다가와
내 작은 가슴에 요동친다.

사랑을 내세워
한 송이 꺾어 가슴에 달까 말까
솟구치는 흥분을 누르고
고풍이 풍기는 찻집 향기 맞으며

그대 꽃잎 하나
찻잔에 띄워 놓고
이 생각 저 생각
살짝 입 맞춘 다홍빛 살 떨림을
그대는 아시나요?

갈대 잎이 피기 전

강가 첩첩 숲을 이룬 갈대밭
겨우내
그 억센 바람 아랑곳하지 않고
속삭여 우는소리

사각사각
애처로워 다시 찾은 갈대숲
그대 초연함 간데없고
추운 겨울날
눈바람 해풍에 날아갔나,
세월에 묻히었나?

갈대숲 오솔길 저 모퉁이
초막 정자에 머물렀던
내 사랑

이제는 흔적마저 지워지고
갈대 새순만 파릇파릇
물때에 강물 철썩 철썩
강가에 외로움만 더한다.

달빛 목련

밤의 야화 그대
깊은 밤 세상 잠들 녘
달빛도 어둔 그늘에 가린 밤
졸린 눈 잠길 듯 말 듯
세상 고요 속 잠들 때

수은등 불빛 사이
희미한 안개
밤 새 어둠속에 내리고
외로운 꽃 슬피 우는
밤이 슬픈 야화, 하얀 목련.

달빛 아래 그대 모습
사무친 그리움에
어두운 구름 사이 보일락 말락
내 사랑은 언제 올까
저 멀리 달님에게 소원 빌어본다.

그 사람도 간다

봄비 종일 내리더니
잠깐 햇살
찬란하게 변덕을 부린다.

들녘엔
연녹색 푸른 잎사귀
석양 어둠이
서서히 대지를 덮는데

눈물로 밤새 기다려도
끝내
오지 않는 그 사람
그대 날 지워 버렸나

나 이제
기다림에 지쳐
그대 향한 사랑 식어간다.

4월이 가네

벗꽃이 만개한 봄날
꽃잎에 묻혀
눈꽃처럼 하얀 길을 걷는다

어느새 목련도 지고
당신 생각에
내 마음 동심에 젖어
벗꽃처럼 부풀면

세월은 연녹색 푸름 되어
4월의 꽃잎마저 덮어
하얀 4월이 말없이 가네

봄 여울에 실려 가네요

바람이 분다.
봄바람 살랑살랑
내 가슴에 다가온다.
겨울흔적 살며시
계곡깊이 숨어 있던 부끄러움
훈풍으로 녹아버리고
노처녀 백설
사랑 찾아 떠나갈 때

기세 등등 살을 에는
어둠 깃든 계곡 사이 살얼음
겨울 동장군도
봄바람 진한 향기 취해
아쉬움 뒤로하고
훈풍에 실려 흰 구름 벗 삼아
저 멀리 강물에 실려 가네요

둘...夏

여름 밤의 소야곡

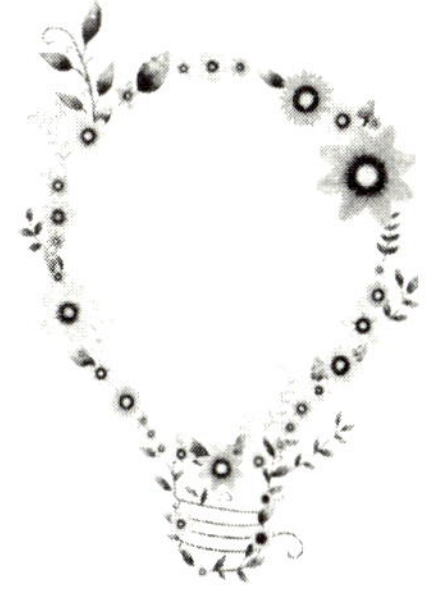

무인도

여울지는 풍경
금빛 햇살의 물무늬

수평선 저 멀리
적막한 점 하나

외로운 섬
혼자 부르는 노래

긴 세월 돌아
눈물로 살아나는 섬

풍경소리

산사 처마 끝 서까래 매달린 풍경 소리 뎅그렁뎅그렁 청아한 외로움 고뇌苦惱로 승화하고 대청마루 웅크려 엎드린 길손 삶의 거친 숨, 깊은 탄식 한숨 소리, 겨울나기 걱정 두 손 모아 합장 기도할 때

대웅전 앞마당 젊은 동자는 혼을 잃은 마른 삭정 한 움큼 안아다 노스님 안식처 아궁이 불길 지피려나. 동자의 걸음걸이 바삐 움직이고

산사의 뜰 아름다운 오색 향, 계절의 변화는 회색 빛깔 넝쿨로 뒤뜰을 덮어 지워 적막을 가르는 쉰 바람 풍경소리, 먼 길 일부러 잊어볼까. 두 눈 두 귀 막아 찾았건만 기어이 한 맺힌 길손 울게 하네.

* 고뇌(苦惱): 괴로워하고 번뇌함.
* 승화(昇華): 어떤 현상이 더 높은 상태로 전환되는 일.

저 별

까만 어둠 짙게 내린 밤
나 홀로
저 하늘에 별을 본다.

내 사랑!
허공에 손 저으면 잡힐 듯 말듯

반짝반짝
자꾸 멀어지는 별

혹시나 오늘밤
먼 발치, 그대 내게 올까?

그리움 젖어
이 밤 조용히 눈감고
꿈속에 내 사랑 별 찾아 가야지.

가난한 사람들 나라

짙은 녹음과 불볕 무더위도 아랑곳하지 않은 여유, 순한 모습들, 두 눈은 우수에 젖은 듯 눈동자는 참 맑고 고왔습니다.

호수처럼 청정하늘 푸른데, 솜털모양 하얀 거품을 커다란 도화지에 부풀려서 그린 듯, 어머님 품처럼 따뜻하고 평온한 나라.

그대 가난한 사람들 먹을 끼니 한 끼만 채워도 행복해하리니, 욕심 없는 오늘, 비록 얻어먹을지라도 당신들이 천사입니다.

꿈속에서

철 지난 빈 달력에 나만의 그림을 그려놓고,
오늘 나는 행복한 나래로 꿈을 꾼다.

광대가 혼자 너털웃음 세상을 풍자한다. 숭구리 둥둥 싫든 좋든 누가 뭐라던 내면의 가슴은 감추고, 내 모습 바보로 숨어 사는 모습 가면의 탈 속에서 이 풍진세상 들여다보는 희열, 물감을 푹 찍어 뚝뚝 세상을 색칠하여 적신다.

한순간도 지우지 못한 속세에 인연들,
이렇게도 저렇게도 붓 채를 휘돌려 그려낸다.

호수에 잠긴 그림

대청호
호반에 잠긴 구름아.
산아.
사람들 영혼아!

호수에 잠긴 슬픈 그림들
한없이 넋 놓고 쳐다본다.

무엇이 싫어
언제부터 이 생生을 떠나
정적 깊은 검푸른 호반에
슬피 잠겨 있나

바람에 떠밀려
정처 없이 떠도는 너의 모습

저 하늘 구름 배타고
둥실둥실 다가가
호수에 잠긴 넋을 달래 주고 싶다.

도심 속 작은 숲

여름밤 도심의 작은 숲, 어둠속 그림자들 바삐 움직인다. 두 팔을 힘껏 젖으며 어둠을 가른다. 심장 박동이 빨라온다. 한 바퀴 돌 때마다 땀이 더 적신다.

작은 숲가지 초승달 가리고, 그 밑에 오솔길, 오순도순 이야기 나누며 걷는 사람들, 한발 한발 걸음 속에 거친 하루, 찌든 일과 훌훌 털고 새날맞이에 발걸음도 가볍다.

모퉁이 가로등 불빛아래 벤치에서 남녀가 소곤댄다. 여름밤 추억의 명소 작은 공원, 아름다운 사랑의 쉼터, 작은 숲 그늘아래 추억 만들며, 행복을 꽃 피운다.

이제 가나요?

긴 여름이 간다. 세월이 간다. 후덥지근한 습한 기운, 여름 장맛비에 그녀도 강아지처럼 널브러져 짜증 부리더니 세월 앞에 무릎을 꿇는다.

저 너머 계절의 갈색처럼 몸과 마음도 퇴색되어 시간에 실려 가니 아쉬워 주체할 수 없는 이 쓸쓸함, 미련을 버릴 때인가?

차창 사이로 여울 빛이 눈에 아롱대는 자잘한 추억, 사랑이 넘치던 행복한 순간들 상처받은 여운이 책장을 넘기듯 잠깐잠깐 영상이 다가온다.

같이한 시간 행복한 순간, 돌아올 수 없는 강을 건너 바람 가듯 세월 가듯 인연의 나뭇잎 흔들리는 곳 향해 진정 당신은 이제 가나요?

여름밤의 소야곡

밤하늘 까맣게 수놓은 별들
어둠 속 불빛 아래
바이올린 켜는 여인
우수에 젖은 듯,
휘어지는 활 당길 때마다

가을로 가는 정원에
여름밤 소야곡 흐느낌 소리
날아와 사내 심장에 파도치고
떨리는 메아리 사라진다.

밤새들 울음 울던 풀벌레 소리
여인의 멜로디에 화답하고

귀에 익은 합창소리에
가만히 눈감고
떨리는 가슴 몰래
어둠에 기대어 귀 기울인다.

어느새

빛바랜 사진 속, 아기부터 청춘, 늙어버린 지금까지 한 권의 책이 되어, 되돌아간 시절 보고 울고 웃어본다.

사진 한 장 한 장마다 소중하게 접힌 그림들, 색 바랜 사연으로 남아 내 작은 가슴 떨림으로 느껴온다.

겹겹 추억과 희망, 작은 몸부림마저 질곡의 삶에 결과물로 열매마냥 매달린 가족들 모습 바라보며

더 늙기 전, 이제 다시 태어나는 마음으로 새로운 추억을 만들어 더 나은 삶을 향해 몸부림을 친다.

보고 싶다

장맛비 구성진 소리
초록빛 잎사귀에 부딪혀
흰빛을 더하고

하얀 조약돌 틈새로
붉은 봉선화 꼼틀 꼼틀
곱고 순결한 여린 꽃망울

청결한 물방울 붉게 매달려
눈물인지 핏물인지
내 가슴에 떨어져
옛 향기 다시 불러온다.

검은 눈망울의
보랏빛 꽃무늬 원피스
내 사랑 그녀,
그대는 영락없는 나의 천사.

한 서린 청령포

비운의 어린 왕 단종이 숨쉬던 곳에 이른다. 첩첩 산 계곡 유배지, 천추千秋 한 서린 청령포, 삼면이 강물에 쌓여 갇혀 있고 금표비禁標碑 동서 삼백 척, 남북 사백구십 척 외롭고 괴로운 한 많은 세월에 갇혀 있다.

청운의 꿈 꿀 열일곱 나이, 권력의 침탈로 비운悲運에 운명하여 영월 동강에 전하의 옥체가 버려졌네. 굽이 흐르는 강물, 사무친 혼령 여기저기 이승 떠돌기를 육백 년 세월, 밤이 되면 산새가 운다.

궂은 날, 천지 가르는 번갯불, 괴성 가까운 천둥소리로 계곡에 피눈물 토해 성난 강물로 통곡하다가 한 많은 세월 지난 지금, 백성 안위安危를 걱정하시는지 늘 푸른 소나무로 동강을 내려 보며 독야청청獨也靑靑이다.

비 오는 날

밤새 비가 온다.
처마 밑에 둥근 원 그렸다가 지우는
낙숫물 떨어지는 소리 들린다.

창밖을 응시하니
그리움이 몰려온다.
포근한 옛날도, 아픔도 내게 다가온다.

장마가 일찍 오려나
무작정 이 빗속을 지나
옛날로 되돌아가고 싶다.

찌든 때, 시대에 엉킨 오물들
빗줄기에 씻어 버리고
지난 상처 아물게 할 수 있을까

빗소리가 처량하다
그리움에 젖어 생각에 잠긴다.
그리운 그대도
이 비를 보고 있을까?

도시 탈출, 바다로

헝클어진 몸뚱이 지친 영혼, 꺼져가는 영혼을 충전하고자 검푸른 파도를 헤치고 대양을 향해 떠나는 뱃전, 새 희망을 찾아 나는 간다.

먼 바다 해풍, 갯냄새 진한향기, 선창에 부딪혀 코끝 징하게 설렘 가슴 깊이 스며들고 짓누르는 삶의 고통과 흔적들, 저 넓은 바다에 벗어 버릴 때, 파도 위 넘나드는 물결, 짙은 해무 속 맴돌던 갈매기, 무녀의 몸놀림처럼 날개 짓다가 우아한 솜씨를 뽐내며 하늘 높이 원을 그린다.

객장에는 관객 없는 거친 파도, 뱃전에 부딪히는 물결소리 벗 삼아 조용히 눈감고 가슴을 펼쳐 평화와 낭만이 깃든 고독을 즐긴다.

그리움

후덥지근한 궂은 날씨, 먹구름 사이로 햇살이 비출 때 불현듯 추억의 그리움들, 저녁노을 나뭇가지에 걸쳐있는 환상이 환한 미소로 내게 다가온다. 가슴에는 지워지지 않는 기억들, 아직 얼룩이 남아 있는 사랑, 그대는 내 마음을 알려나.

오락가락 가랑비 빗줄기, 붉은빛 어둠이 하나 둘 철시되는 초라한 상가들, 네온의 불빛이 비치는 유리창 너머 혹시나 하는 마음, 그날 밤 그 자리 찻집 앉아 식은 찻잔 앞에 두고 기다리는데, 이제나 저제나 그대 언제 오시려나.

도심 길목에서

어둠 내린 교차로 신호등 갓길에 서서
이 땅 옛 그림을 상상해 본다.
평화스러운 논과 밭, 이어진 언덕 아래
개울 길 따라 미루나무 숲 하늘 치솟아
여름날 녹음 더운 바람 막아주고
동네 아낙들 더위를 피해 나와
초가집 황토 마루 모여앉아 수다를 떨고
베적삼 저고리 속곳 사이 허연 속살
보이건 말건 아랑곳하지 않고, 도란도란
얘기하는 촌 아낙들 마음속 그림 그릴 때
세월을 삼킨 자동차 경적소리 스쳐지나
고개 들어보니 빨간불 지나 파란불
행인들 바삐 길을 찾아 걷는다.
표정은 로봇처럼 무언의 침묵을 안고
누가 뭐라 하건 말건 숙련된 기계처럼
내 갈 길 가는 고달픈 현대인의 삶,
나도 한 무리되어 허둥지둥
지하 계단으로 뛰어간다.

비오는 밤 천둥소리

칠흑 같은 어둠
세찬 바람
번쩍이는 불빛
하늘이 뚫렸나
성난 빗줄기
요란한 천둥소리
가슴 쓸어내린 조용한 시각
우중에 자정을 향한 시곗바늘
염라의 신전神殿을 표시하고
탐관오리 작당作黨
세파에 찌든 죄인들
가슴 떨게 벼락 치더니

어둠의 시곗바늘 지나
여광의 새벽
세찬 비바람
천둥소리 사라지고
다시 찾은 고요, 아침 햇살에
놀란 가슴 쓸어안고
강물에 시름 실어 보낸다.

밤비 바라보며

여름 막바지 장마인가
가슴 뭉클한 어둠,
적막을 가르고 비가 내린다.
공허한 하늘
도심 불빛에 반사된 빗줄기
흰빛 광채를
사정없이 그어 내리면
그 빛 응시하는 방랑 시인처럼
상념에 젖어든다.

처마 밑 낙숫물 소리
내 가슴 울리고
자연의 풍금 소리마냥
작게 튕겨 나오는 소리
나그네 심오深奧한 넋에
울리는 심금
여름밤 빗소리에 취해
엷은 독주 글라스, 한잔 가득
빗줄기 쳐다보며,
밤 빗소리를 마신다.

내 사랑을 아시나요

무지갯빛 파노라마가 어둠 속을 비춥니다.
당신의 숨소리를 느끼며
내 영혼은 당신의 사랑에 물듭니다.

무언의 긴 기다림, 긴 세월을 보내며
한 가닥의 희망의 불빛
당신의 분홍빛 고귀한 사랑입니다.

어둠이 지나면 슬픔도 가시겠지요.
분홍립스틱에 꽃신 신고
내게 다가와 엷은 미소 짓겠지요.

추억

인연 찾아 멀리 달려왔습니다.
세월은 바람,
우리들 세상 어제 같은데
추억의 한 장 그리움으로 남아
아름다웠던 날의 행복을 그려봅니다.

도시의 그늘 울타리 벗어나
기암괴석 돌 밭길 물길 건너
모래톱 해변 아리따운 모습들
삶의 고초를 한 몸에 짊어진
불 심자 승려 같던 그대,
당신은 다시 올 나의 천사입니다.

저 산 너머

저 산 너머
구름 위에 방랑자 신세

날아가는 철새처럼
날개가 있다면

훨훨 날아가
하얀 솜털 구름 위 누워

그리운 그 옛날
건넛마을 고운 모습들
다시 돌이킬 수 없는 시절

떠오르는 사랑에
시 한 수 지어볼까

애절한 그리움에
조용히 눈물짓는다.

물의 생애

은빛 고운 생명수
목마른 갈증을 식혀주려나
세상 솟아나온 상큼한 맛

숲속 뛰놀던 산새들 산짐승
땀에 젖어 찾아올 때
기쁨으로 마다하고

어둠에 갇힌 세월에 떠밀려
정든 고향 버리고
절 떠나는 승려처럼
이끼 낀 돌, 도랑 숲길 헤치고
실개천 물길이 협곡 골짜기
낭떠러지에 다다르니

초개草芥같은 계곡의 하얀 풍광
떨어지는 옹달샘
맑은 늪 어디 가고
성난 물길만 세속에 흩어져
제 갈 길 가는구나.

셋...秋

가을 아침 풍경

가을맞이

저 멀리 소슬바람 불어오는 소리
가만히 귀 기울인다.
더위에 지쳐 휘늘어진 버드나무 그늘아래
등마루 턱을 괴고,
임 기다림에 깊은 시름할 때
살갗에 스치는 바람,
여름내 기다리던 가을바람인가

어제까지 열풍이 몰아치던 삼복더위,
처서가 지나가니
서늘한 가을 향기 새로워
새색시 여름 가는 줄 모르고
모시 적삼 걸친 듯 마는 듯
옷고름 붙잡아 매고
맨발로 가을맞이 하러 뛰어나간다.

비련

가도 가도
끝이 없는 인생길 여정
오늘도 쉼 없이 세월 흐르는데
무엇을 찾으려
세상 길 한 모퉁이 길 위에 헤매나
세상에 태어나
가슴에 부푼 꿈 간직한 채
삶을 노래하고
편한 숨 쉬려 달리는데
꿈속에 그려놓은 그림은
온데간데없고
눈물에 아픈 사연 과거만 한 움큼
오늘, 내가 가면
내일은 누가 다시
이 길 한 모퉁이에서 아픈 사랑
응얼진 가슴으로 한을 노래하겠지.

Tragic Love

translated by Shin. B. C

On the travel of life's way
Where there is no end;
Today, also, time passes continually
But we wander to the corner
Of the world's path to look for something;
After being born
With a dream swelled in the chest;
We run to the way to sing life
And to live comfortably
But the pictures drawn in a dream
Are nowhere to be seen,
Only the past filled with tears and sore stories;
If I pass through this way today,
Tomorrow somebody else again
Will sing grief in the corner of the way
With agonized love and an unpleasant heart.

슬픈 작별

세월 가니 마음도 가나요?
정든 시절 어이 작별인가요.

눈가에 가득 고인 눈물 보일까 봐
텅 빈 하늘 뒤로하고
심장 터질 듯한 아픔을 참는다.

긴 세월 숨을 같이 토해내며
희로애락 함께 나눈
그대 내 사랑아—

어느 때부터 서로
가슴 열지 못한 무언의 소리
입맞춤 작별을 고하고

저녁노을 가로수 긴 터널
나뭇잎 사이에 슬픈 햇살
두 그림자 다른 길 찾아가네.

올가을에는

그냥 지나가고 싶다
못 본 듯 모른 척 지나치고 싶다.

가을, 너로 하여
떠오른 기억
올가을엔 잊어보고 싶다.

작년 이맘때
너 때문에 앓던 가슴앓이
올해 또 다시 찾아오니
내 아픈 가슴 울린다.

가을아!
지난해 너의 상처 지우느라
세월 다 보냈는데

또다시 다가와
멍든 가슴에 아픔주려 하느냐.

어언

어언
그날이 온다.

어언
세월이 간다.

멀리
보였던 세월

오지
않을 것 같은 날

어언
오늘 여기

그렇게
그렇게

가는 줄 모르게
오고 간다.

맑은 하늘 파랑색

맑은 하늘에 파랑
하늘높이 실려 간다.
보일 듯 말 듯
구름은 하얀 꼬리 달고
먼 나라로
맴돌며 떠간다.

파랑바탕 틈새에
어젯밤 그대 자국
손톱 달 아쉬움 남았나?

한 폭의 사생화
어둠이 언제 몰려올지
나 한 조각 양심 지켜
맑은 하늘 파랑처럼
고운 빛으로
세상에 어둠 바로 알린다.

가을로 가며

가을 매미 우는 언덕에 올라 맑은 하늘 바라본다. 눈에 보일 듯 말 듯 저 멀리 하얀 뭉게구름 두둥실 실바람에 실려 오네.

어언, 여름날 초록은 갈색으로 물들고 산성에 엉킨 담쟁이덩굴 사이로 코스모스 달려 나와 뭉게구름 맞이하며 환한 웃음

들녘은 황금 햇살이 비추고 알알이 여문 곡식들, 풍성한 가을, 올해도 변함없이 금빛으로 내 곁을 다가와 지난 시간 미련 더하는데

갈수록 저무는 저 해, 멎을 수 없고, 세울 수 없는 시간, 황혼의 낙엽처럼, 오늘 슬픔이 된 상처는 가슴에 메아리를 만드네.

가을 아침풍경

아침 안개 살짝 뿌려진 개울가 쓸쓸한 가을, 고독을 가슴에 안고 실개천 거닌다. 길 따라 피어난 노랗고 빨간 눈에 익은 들꽃들, 어릴 때 동무하고 노닐던 개울가처럼 추억이 서려 있는 돼지풀 강아지풀 토끼풀 이름 모를 들풀들도 보인다.

한 포기 한 포기 옛 향기로 날 불러일으킨다. 졸졸 흐르는 물길 따라 스쳐 지난 가을날 옛 생각 물안개처럼 피어오를 때, 개천가 토담집 담 너머에는 사랑스럽게 영근 모과가 탐스럽게 매달려 오는 이, 가는 이 눈길에 향기를 뿜낸다.

뒤뜰에 늙은 은행나무 이파리도 덩달아 노랑으로 치장하고 노랑 잎 휘날려 길가는 아낙들 유혹한다.

나를 찾다

우수에 젖은 가을날
내 가슴 촉촉이 비에 적신다.
발버둥치고 살았던 삶
지난날의 사연을
가슴앓이하며 다시 돌아본다.

아픔을 감내하기 어렵다
생의 길목이
봄날 새순처럼 푸르르다
여름 짙은 잎사귀에 비 적시고
오색단풍 물들다가
흰 눈이 쌓인다.

세월 그렇게
흔적 없이 사라지고
머리에는 어느새
찬 서리 하얗게 쌓이고
책갈피에 숨어 있는 지난 모습
지금 나와 비교하며 웃음 짓는다.

가을 나들이

가을 하늘
구름 짙은 한낮
저 너머 산 위,

산 넘고 물 건너
낭만을 찾아간다.
정감 가득
행복 듬뿍
우연한 동행

풀빛 물감 물씬 묻어 있는
완연한 가을
산장에 들러보니
담장 너머 걸려 있는
탐스러운 알알들

풍성한 오곡백과
곱게 영글어
행락객 발길 붙들고
논두렁 사이길 메뚜기 사랑
나들이길 웃음 자아낸다.

가을 바닷가 추억

사랑! 그리고, 그리움 모두
썰물이 썰고 간 바닷가
지워진 발자국
떠나버린 사람들
그때를 생각하며 다시 걷는다

거친 파도, 태풍이 할퀴어도
침묵하는 모래알
비릿한 갯벌의 갯냄새
해풍 날아와 앉지만
부끄러운 듯
바다는 조용히 숨을 쉰다.

하늘 저 끝자락 빈 창공에
갈매기 우아하게 비상하는데
그 아래 갯벌,
가을볕에 서성거리며
떠난 그대를 모래톱에 그린다.

우수憂愁

찬 서리 내린 들판
쓸쓸히 우수에 젖어
내 나이도
낙엽처럼 쌓여 갈 때

붉은 저녁노을
그림자
조금씩 길게 늘어졌다가
어둠 장막 속 사라지네.

지나온 삶
갈잎 물든 낙엽이런가.
잎사귀 어둠에 묻혀
행인에 밟히고 차이다가

행려자 불쏘시개
그을린 재가 되어
바람에 흔적 없이
한 많은 세상 종말을 고하네.

* 우수(憂愁): 근심과 걱정을 아울러 이르는 말.

고향과 어머니

산 넘어
한가위 보름달
가을 벌판 오색향기
풍요로움 추석맞이
고향 가는 설레는 마음

그리운 고향산천
마을 어귀 들어설 때
꾸불꾸불 황토 길
옛 모습 돌담불
어릴 적 뛰놀던 뒷동산

먼발치 어머니
고운 모습 어디 가고
백발의 동산 정상에서
이제나 저제나
자식 걱정하는 어머니.

대목 장場

시골장터 생동감 넘치는 바람이 분다. 골목 안 천막, 바람에 포장 펄럭이며 대목장 흥을 돋군다.

추석이 가까워지니 차례상 마련으로 인파가 북적인다. 다른 날 같으면 벌써 파장인데, 어둠이 내려도 장꾼이 잘 줄어들지 않는다. 장사 잘되어 화색이도는 장터, 상인은 팔리든 안 팔리든 기분이 좋아 절로 콧노래 흥이 난다. 작년에 비해 물가가 너무 올라 장보는 아낙은 흥정만 요란할 뿐 물건만 들었다 놓았다 살까말까 망설인다. 객지에서 찾아올 자식들 모습, 조상님 차례상 생각 잠시 옚은 고민 짓다가 눈 딱 감고 장거리 사들고 바리바리 싸서 바삐 달린다. 인파가 휩쓸고 지나간 장터, 장꾼은 부산했던 하루 장사 마치고 웃는다.

옆구리에 매단 돈 주머니 만지작거리며 더도 말고 덜도 말고 오늘 대목장만 같아라. 부푼 꿈에 젖는다.

* 대목 장 : 큰 명절을 바로 앞두고 서는 장.

가을 연가

비 살짝 내리다 갠 오후
은빛구름 둘러싸인 뽀얀 산기슭
안개 산허리 감아 올라
시샘이라도 하듯, 산마루 덮어씌워
청량한 가을 풍경 감추려 하네.

기다리던 가을 왔나요?
뜨락엔 코스모스 한가득 피고
여름내 집 나갔던 서방님 돌아왔나
새색시 색정 오른 빨난 엉덩이
요리조리 흔드는 듯
하늘하늘 나부끼는 코스모스

내 마음도 가을 길 물들어
가슴 활짝 산들바람 불어오니
설레는 분홍빛 순정
빨강. 분홍. 하양 꽃 바라보며
가을에 올 내 님 조용히 불러보네.

백일홍

하늘하늘 산들산들
바람에 나부끼어
방긋방긋 웃어주는 연분홍 백일홍

녹음 짙어진 여름
새색시 색동옷 걸친 듯
간드러진 배롱나무 살랑살랑

수줍음 가득 안은
연분홍 꽃 수술
낭군님 입술처럼 달콤한 향기

계절의 향기 가득 담은 듯
분홍 물감 풀어서 화폭에 뿌려 놓은 듯

행인들 백일간 꽃길을 만끽하는
한 폭의 여름 풍경 수채화
신이 주신 아름다움.

가을처럼 인생처럼

가을에, 낙엽에 묻혀
넘기는 책장처럼
세월에 묻혀 녹슨 내 모습
가을 햇살에 물들어간다

찬란한 가을빛
햇살이 어두워지면
밝은 흔적 다시 찾을 길 없고

새날 여명과 같이
동녘 해 다시 떠오르면
먼저 간 동무들 묘지 앞에
한 줄 글과 이름 석 자 표석 돌
가을햇살 서광이 비추네.

태어나서 어른 되어
저 먼 곳 갈 때까지
인생은 돌고 도는 사계절
가을은 수레바퀴 인생인가.

사랑은 꿈이었나

가을 내 임이여!
당신 보고파 길 떠난다.
무거운 철마에 몸을 싣고
가만히 눈을 감는다
차창밖에 떠오르는 그대 얼굴
아롱지며 눈가에 다가올 때
환한 눈웃음
그대 미소
소리 없이 바라보다
차창에 살포시 입맞춤 한다
그대 향한 내 사랑은
정녕 꿈이었나

캄보디아!

앙코르와트
웅장하고 화려한 역사의 보고
폐허 되고
돌무더기 나뒹구는 모습에
제국의 멸망을 본다.

백성의 아픔
지배자의 영달과 치적을 위해
순하고 어진 백성
무참하게 휘둘렀던 총칼의 자국들

하늘에 계신 하나님이 노하셨나?
힘없는 백성
고난의 신전에서
돌무더기 깔리고
억울하게 사라진 영혼들

처절한 댓가
제국의 종말

앙코르와트 하늘을 뒤덮은
검은 구름

하늘말씀을 거역하면
이렇게 된다는
산 교육장
바로 눈앞의 표본을 본다.

이 땅에 주인이신 하나님!
가난한 삶,
병들고 굶주리며
고통으로 살아가는 캄보디아 가난한 백성
보살피소서
어루만져 살펴 주옵소서!

고독

어수선한 흐트러짐
정렬이 안 된 방에 냉기가 서린다.
요 며칠 동안
불을 때지 않았는지
방 한가운데 침묵이 흐른다.

사내는 촉수가 다된
흐릿한 형광등 불빛 속에서
초점 잃은 눈빛으로 창을 응시한다.

지난 세월만큼 정열도 시들었나.
삶에 지친 모습
창백한 얼굴

인생은 구름 같은 것
바람처럼 왔다가
눈처럼 녹아 사라지는 것
세상은 모두
고난의 연속과 시련의 연속이다.

흩어진 세월
망각의 시간들 모아서
조각을 붙이고
밤새워 다시 정렬 하여도
빈자리는 채워지지 않은 슬픔

이 밤을 꼬박
냉기서린 사방의 벽 한가운데
조그만 창문 너머로
세상을 향해 고독을 삭인다.

가을이 가네

따사로운 가을 햇살, 울적한 맘 달래려고 거니는 오솔길에 솔잎 향기 솔솔 불어오고

가을 가는 소리, 늦가을 매미소리 애절함이 귓가에 메아리로 넘쳐흐르고

공허한 가을 하늘인가. 두둥실 떠가는 뭉게구름 바라보며 보고 싶은 그대 생각, 그대 안 오려나

기다림에 지쳐 눈가에 맺힌 눈물방울, 은빛 도랑 작은 개울에 굽이굽이 흘러간다.

넷…冬

하얀 밤 창가에

하얀 세상

하얀 백지에
마음속 하얀 그림을
너울 없이 그린다.

생명을 심고 혼을 심어
세상을 꾸밈없이 그려서
나만의 하얀 세상을 만든다.

하양 그 속에
나도 하얗게 물들어
그렇게 숨어든다

숲속의 향기도
녹음 짙은 푸름도
모두 다 하양으로.

오늘처럼 비 오는 날
세상 모두를 깨끗이 씻어버리고
하얀 빗속을 무작정 걷고 싶다.

초겨울 그리움

계절의 끝자락
겨울 초입에 들어선다.
나뭇가지 걸쳐있는 해를 따서
세월 잡으려
술잔에 넣는다.

맑은 와인 잔
찰랑대는 술 위로
숱한 시간 지난 지금도
그대 하얀 미소
은빛 와인 잔에 찰랑찰랑
한 잔 가득 와인 잔 움켜쥐고
햇살 스미는 창가에 기댄다

겨울 앙상한 나뭇가지
길가에 뒹구는 색 바랜 이파리
낙엽 한 잎마다
노을빛으로
떠오르는 희미한 추억.

겨울 문턱에서

스산한 회색 들녘
북녘의 찬바람 불어오니
낙엽이 우수수
여기저기 정처 없이 구르고

낙엽 쌓일 때쯤
찬 서리 하얗게 내린 노신사
뚫린 가슴 메울 길 없네.

중년 지난
황혼을 바라보는 회색의 초겨울
이 쓸쓸함
저무는 이해 지나온 생각들.

휑한 가슴 시리다 못해
슬픔의 눈물로
지난날 아픔 지우렵니다.

꽃순이 생각

작은 아이 때
양지마을 토담집 처마 밑에
소꿉장 동무 꽃순이랑
저물녘 햇살 비출 때
신랑각시 놀던 생각

회색 길 접어든 초겨울
그 동무도 나처럼
세월 내리막길 가고 있겠지

청춘도 이젠 사치스런 단어
높은 하늘 바람에 떠밀려가는
구름처럼
어느덧 세월에 떠밀려

홀연히 텅 빈 내 가슴 공터에
동무 얼굴 보일락 말락
아련한 추억만 남았네.

겨울로 가는 길

산야가 훨훨 타오른다!
온 산이 붉게 타고 있다.
산비탈 등 선線까지 빨갛게 타들어간다
가을이 다 타면 겨울이 오겠지
빨간 단풍잎 곱디고운 아름다움
연지곤지 치장하고
몇 날 며칠 가을화장 짙게 그려
온 세상 갈빛 그림 화려한 미소
백록의 절벽 틈새마저 붉은색 덮는다.
그 무성했던 여름 초록은 어디로 갔을까.
내 마음 아직 가을이 먼데
붉게 물든 낙엽 한 잎 두 잎
초동입구에서 떨고 있는 모습
잡으려 매달려도 힘없이 지는 낙엽처럼
인생도 세월 앞에 추풍낙엽
철새도 내 맘처럼 구슬피 울며 날아간다.

* 등선(線) : 등마루의 선.

누나

순한 눈빛
별빛처럼 초롱한 눈망울
어둠의 여신 우리누나.
깜박 졸고 있는 호롱불 아래
착한 미소 머금고
밤을 그리는 여인이여

어둠이 내린 창가
겨울 가는 길목 성에 낀 유리벽
떠난 임, 노심초사 지워질까
호호 불며 그리고 또 그리며
밤새 창가 떠나지 못하는

어둠 저 너머
먼저 간, 임이 즐겨 부르던
그리운 옛 노래
여명을 기다리며
조용히 불러본다.

겨울 강

안개는
하얀 보자기처럼
꽁꽁 언
겨울 강 싸고돌고

세상은
온통
백설기 가루
온 세상 흰 눈으로 덮어

내 마음
하얀 강
겨울 깊은 곳으로
자꾸 빠져드네.

눈 내린 아침

밤새 하얀 눈이 왔네요. 착하고 어여쁜 흰 눈송이, 모진 삭풍 가시바람 찔려가며 시린 아픔 내색도 없이 여기저기 포근한 하얀 이부자리 세상에 깔았네요.

어제저녁 초승달 빛 아래 청솔가지 기세는 하늘 찌를 위엄이었는데 밤새껏 순한 마법에 걸린 양 흔적 없이 하얀 눈송이에 가려 조용히 감싸 안겨 있네요.

세상에 널브러지게 더럽혀진 구석구석 검정 다 어디 묻어버리고 포근한 하얀 세상, 산타가 오셨나? 설국의 나라, 하얀 천국으로 바꾸어 놓았네요!

노숙路宿

어둠의 장막 흙빛 구름, 삶이 피곤한 듯 죽지 못해 살아 숨쉬는 노숙자, 앞날 시야가 보이지 않는다.

요 며칠 동안 한 톨의 식량을 구하려 스산한 어둠의 광장을 헤매다가 철 이른 소나기를 만난다. 비에 몸을 흠뻑 적셨다. 후덥지근하고 끈적끈적 장마가 오려나 보다. 가슴이 메어진다.

진종일 여기저기 기웃거리다, 오늘도 얻은 것 없이 힘에 지쳐 지하통로 계단을 베개 삼아 두 눈을 감는다.

잠시 떠오르는 가족들, 꼬마 철부지 아이 녀석 언제 오려나. 손꼽아 기다림. 기다리는 식솔들 눈에 잡힌다. 언제쯤일까. 이 어둠의 통로에도 따사로운 햇살 비추고 푸른 향기 퍼질까나? 노숙자, 젖은 몸 움츠리고 두 손 모아 희망을 기도한다.

재활의 의지

한참을 지났나 보다.
펜을 놓고 자괴自愧에 빠져
빛을 잃어버린 나의 삶,
도피처를 찾아
새로운 빛에 도전하려 했지만
굳어버린 머릿속
어둠의 메아리만 맴돌 뿐,
캄캄한 밤이 된 지
오래인가 보다
정녕 이대로 끝나버릴까?
걱정된다.
그나마 기댈 곳은 여기였는데
회생回生의 요량으로
수없이 썼다가 지우고
다시 써본 하얀 자판 속
완성되지 못하고 흩어진
이름 없는 글자들
나는 다시 주워 모아서
맞추고 또 맞추고
밤새 내 희망을 다시 써본다.

겨울이 깊어가는 소리

겨울이 깊어가는 소리 무슨 소리일까. 가만히 귀 기울여 들어 본다. 골짜기 한가운데 돌무덤, 하얀 눈꽃 소복이 쌓였는데 봄은 언제 오려나? 양지 언덕 끝자락 억새 숲 한 가운데, 노루 가족 한 무리, 눈 녹는 작은 소리 놀라 눈망울 껌벅이며 쫑긋 귀 기울여 두리번거린다.

골짜기 찬바람 계곡 아래 생명을 잃어버린 무색에 빛깔 겨울소리 나뭇가지 걸쳐 숨을 죽이고 대웅전 앞마당 돌탑 돌며 사색에 잠겨 두 손 모아 합장하는 여승, 청아한 목탁소리 깊은 산골 울리고 산사에 향기 옛 양심 불러 모으나 보다.

지난날 불가에 들기 전, 추억이 담겨 있는 전생轉生 화려한 날 속가俗家에 애절한 한 불러 모아 눈가를 적시고 하늘 울리어 겨울 산새 지저귐은 애절한 노랫소리인가. 아픔의 신음인가, 이제 흉내내지 못할 소리, 세속의 소리들 다시 불러 모아 들어 보고 또 들어 보고 싶다.

잊지 못할 청벽길

하양 또 하양
꽁꽁 언 은색의 희망 길
온 세상 하양이 하염없이 덮은 날
그 길을 마지막으로 달린다.
하늘에서 아직 눈이 더 내리려나 보다
뒤돌아본다!
이 길 들어선 처음 그때보다
세월 지난 지금
아쉬운 만감이 교차한다.

새 정착지 찾아 떠나는 길
환송이라도 하듯
도열된 나뭇가지에 눈꽃이 흩어진다.
마티 고개 너머
청벽으로 돌아가는 옛길
사시사철 철철이
새로운 색감이 다르게 눈길을 주고
풀냄새 가슴을 설레게 하는
사라진 영혼 불러주는 아름다운 길.

역사가 숨 쉬고
세월을 만든 백제의 옛터
저 아래 유유히 흐르는 검푸른 강물 보이고
절벽에 붙은 이무기 형상의 바윗돌
하늘로 승천 포효하는 모습이 가관可觀이다.
이제 이 길 뒤로 두고
떠나는 아쉬움 간직한 채
처음으로 돌아가서
더 큰 나무로 성장하여 다시 찾고 싶은 곳
나에게 잊지 못할 청벽길.

탑정호 겨울

호숫가 눈 쌓인 들녘
떼 지어 거니는 기러기들
살을 에는 하얀 눈 헤치며
삶이라는
작은 세상 이어가기 위해
눈 속 요리조리
뒤뚱뒤뚱 바삐 뛰는 모습

아련한 아픈 그림
내 가슴 슬픔으로 다가오네.
언젠가, 우리도 철새처럼 가겠지?

호숫가 넝쿨 사이
작은 새들 속삭임 재재거리고
작은 새 깃털을 털 때마다
억새줄기에 매달린 눈꽃
낙화되어 흩어진다.

* 탑정호 : 충남 논산시 부적면 탑정리 저수지 5,568ha의 면적

하얀 밤 창가에

하얀 어둠이 짙게 내린 밤
창가에 쌓인 어둠의 속살
솜사탕처럼 해맑은 하얀 눈송이
암흙에 묻혀 하얀 밤이 검정으로 물든다.
하얀 담장 그 아래
언 땅 틈바구니
새싹은 긴 겨울잠 어둠에 숨어서
찬란한 해 오름처럼
봄을 기다리는 마음
조용히 숨죽이고 봄을 기다린다.
지난해 가을날
들국화 화려한 모습 치장하고
진한 향기로 지나가는 행인 발길 잡더니
세월구름 지나가니
북풍한설 세찬 바람 불어와
처마 밑 노랗고 하얀 국화 꽃잎은
된서리 지날 때 하얀 눈송이에 가려져
어둠 땅속 저 깊은 곳
다시 태동할 하얀, 노란 꽃 새싹 위해
한 줌 밑거름으로 몸 바치려나 보다.

생각나시나요?

— 가난한 겨울 아낙네

하얀 설국雪國 세상풍경 너머
가난한 아낙의 가슴 멍울 자국
초가삼간 지붕위로 흰 눈 수북이 쌓이고
헛간에 땔감은 떨어져
엄동설한 추위 걱정,
쌀독 식량도 바닥이 보였는데
식솔들 겨우살이 숨 쉴 걱정
언제, 이 걱정 저 걱정이 바닥나려나?

동구 밖 모퉁이 흰 눈 맞으며
슬픈 빈손 쓸쓸히 쉼터로 가는 아낙
먼발치 보이는
초가집 너머 굴뚝에 연기 모락모락
하늘 향해 요리조리 헤치고 날아가는데
아낙네 마음 천근만근
눈 내리는 하늘 향해
저것이 쌀이라면 얼마나 좋을꼬
간절한 소망을 가슴 안고
너털 걸음 걸어가는 가난한 겨울 아낙네

공산성

철 지난 천 년 공산성 참나무 숲 오솔길
백제 수문장 긴 창검 허리에 차고
투구에 보무도 당당하게
서릿발 하얀 성벽에서 교대의식 나팔소리
지금은 낙엽만 쌓인 그 옛길
떨어진 갈잎 밟고 가는 병사들의 대열
늙은 노장수의 구령 소리 들리는 듯
놀란 산비둘기 혼비백산 날아가고
살을 에듯이 들려오는 강바람 삭풍 소리
나그네 발걸음 처량히 고독을 느낄 때
역사의 상처 고목에 맺힌 영혼
아직도 아물지 않은 듯
오솔길 사이로 퍼지는 전장의 땀자국은
참나무 숲 갈잎 상큼한 향냄새로 승화되어
고독한 나그네 가슴 애간장 다 녹이고
천 년 고목 이파리 떠는 모습
백제영혼 부활을 알리려 내 가슴을 울리네.

* 공산성(백제시대의 산성), 충남 공주시 산성동에 있는사적 제12호

겨울 깊은 곳

지난해 생동감 넘치던
초원은 지워지고
회색빛 겨울 살 에는 바람의
쓸쓸한 동구 밖

들녘은 희뿌연 안개
잿빛 구름만 드문드문
빈 밭고랑 위로
하늘이 어지럽다.

막바지에 와 있나
찬바람 쇳소리
겨우내 기력이 소진했는지
구릉 언덕 넘지 못하고

골짜기 모퉁이에 옹기종기
모이 줍는 새들
봄맞이 합창소리만 요란해
귀 기울이게 한다.

겨울 언제 가려나

찬바람은 쌩쌩 언 손을 호호 불며 외투 깃 높이 올리고, 중년의 사내 겨울 속으로 바삐 길 헤치며 찬 서리 하얀 숲길을 걷노라면 계곡 사이 흘러내리던 냇물 하얗게 꽁꽁 얼어버린 은빛 수정 보석빛깔 찬란한 아름다움 광채 띄우고 그 속 맑은 물 타고 흐르네.

중년남자 겨울 정취에 마음 들떠 있지만 추위에 떠는 사내 몸뚱이 얼어버릴 듯, 자꾸 움츠러들고 입춘 지나 곧 봄이 올 듯한데, 겨울 끝자락 언제일까? 추위는 아랑곳하지 않고 더욱 기승을 부리고 지난 가을이 남기고 간 빛바랜 낙엽, 겨우내 나뭇가지 매달려 떨고 있네.

도시의 저녁

저녁노을 도시 울타리 시멘트벽을 타고 붉게 물들어 갈 때, 어둠이 다시 내려와 밤으로 접어든다. 암흑은 대낮에 풋풋한 생동감을 사그라지게 하고, 햇살에 가려 있던 사람들 거리로 하나 둘 내몬다.

어느새 도시는 사람이 창출한 조형물 네온사인 불빛에 잠기어 환락으로 바뀌어 가고, 음침한 골목 안 희미한 불빛, 퀴퀴한 식탁 너머 사람들 웃음과 음담패설이 간간이 창틈 밖으로 거칠게 튀어나온다.

밤이 익숙한 거친 생활에, 찌든 노동자는 립스틱 짖게 설익은 여인네 술 한 잔에 하루를 털어내며 희망을 충전하는 자가 있는 반면, 넋 나간 주정뱅이 널브러진 구역질 소리, 그렇게 도시 밤거리를 메아리친다.

상념想念에 젖어

파란 하늘
조석으로 맑게 개었다가 흐렸다가
변덕이 죽 끓듯
세상 돌아가는 시련의 연속
풍진風塵 세월 길인가보다

멈출 수도 잡을 수도 없는 세월
여울 빛 석양 새털구름 되고
고독의 그림자 상념에 젖어
하루하루 지워지는
달력의 숫자 쳐다보면

붙잡을 수 없는
그날의 잿빛 하늘과 뭉게구름
지워지지 않는 흔들림으로
옛 상처 떠올리다
주체할 수 없는 그리움에
좁은 가슴 눈물 적시네.

* 풍진(風塵) : 세상에서 일어나는 어지러운 일이나 시련

다섯...人生

2막이 내리고 다시 3막이 걷힌다

만나면 좋은 사람

세상을 살아가며
사람과 사람 인연을 맺어간다.
영사기 감긴 필름처럼
숱한 세월 속 이 사람 저 사람
좋은 사람 나쁜 사람
많은 인연 엉키어 이어간다.

그 많은 만남 속에
진정 만남이 좋아서 만나는 만남과
싫어도 어쩔 수 없이 만나는 만남
우리는 어느 쪽인가?

그대여!
새해엔 진정 당신의 마음에 우러나는
맛있고 달콤한 사탕처럼
아름다운 사랑에 끌려서
만나고 싶은 사람.

아이야

참, 세상은 빨리 가는구나. 비바람에 꺾이지 않고 꿋꿋이 자란 나뭇잎에 맺힌 열매, 잘 익은 한 톨 씨앗, 땅에 떨어져 싹이 돋아 숲을 이룬 시간여행, 아이야, 너 커가는 모습 같구나.

엄마 뱃속에서 열 달을 보내고, 자궁에서 방금 나온 아가의 초롱초롱한 눈빛으로 연초록 새싹이 잡티들 틈새를 비집고 자연에 자리매김하듯, 세상에 녹색 광채를 띄운다.

어언, 세월은 아이가 커서 출가한 어른 모습이다. 어느새 성년의 잎이 무성하여 흐뭇하구나. 어둠이 오면, 새날이 다시 오는 세상의 이치인 양, 돌고 도는 세상 순리, 아이야, 너도 내 뒤를 밟는가보다.

나, 이제는 젊은 날 망각 속 훌훌 털어내고, 기다림, 세월고개 마루턱 언덕에 앉아 너희를 돌아본다. 마음 조바심, 저 너머 자식 걱정하며 날 기다리던 부모님의 모습이 내 모습이구나.

아들이 보고 싶다

철부지
말 안 듣던 늦잠꾸러기
어리광에
폼은 그럴듯한 멋쟁이
소견은 듬직한 아들

공부 한다고
떠난 유학의 먼 길
그 쓸쓸한 빈자리에
휑한 바람이 분다.

아들이 보고 싶다
아들아!
사랑한다.

부디
잘 지내다
몸 건강히 돌아 오거라.

아버지

내 아버지 어디 가시고, 저기 늙어 뒤뚱뒤뚱 걸음질 웬 노인인가요. 세월 앞에 장사 없다더니 평생을 호령하며 잘 사실 것 같은 우람한 체격의 우리 아버지! 힘 당할 자 없는 동네의 장사, 기개 펴던 시절 어디 가고, 세평 한 칸 하얀 병실에서 왜소한 모습 간신히 걸음걸이를 하신다.

한평생 자손 귀한 가문 외아들로 태어나, 남들 보리죽도 못 먹었다던 시절, 흰 쌀밥에 촌간에서 남들 못 가는 고등교육까지 남보다 못 배웠나, 배운다고 배웠는데, 젊은 시절 출셋길 싫다고 잘나가던 좋은 직장 내 던지고, 안해본 것 없이 원대로 돈도 잘 쓰며 살았건만 말년이 웬일인가.

허송세월 조상님 물려준 재산, 처자식 마다하고 세집 살이 하다가 탕진하고, 몸은 늙어 힘없고 돈 없어 갈 곳 몰라 천대를 받으시다가 몹쓸 노인병 다 얻어 탕아의 귀행을 연상하듯 영광의 병마에 시달린다. 젊은 시절부터 홀로 수절하며 살아온 조강지처, 아비 없이 살아온 자식에게 염치없이 눈물을 보이신다.

나의 사랑아

사랑이란 두 글자 떠오를 때,
당신의 모습, 세월 지난 지금도 내 가슴에 두근거린다.

나 당신이 있기에 사랑을 알았고,
감미로운 멜로디 향기롭게 가슴에 다가온다.

영원히 아름다운 내 사랑, 소중한 당신.
너는 나의 모든 것, 영원한 표현이기도 하다.

그대 사랑하기에 내가 존재한다.
그 사랑 후회하지 않으며, 언제나 영원히 함께 할 것이다.

스님!

스님은 깊은 산중 어인 일, 여인네 연약한 몸 고행 길 들었나이까? 속가俗家에 어진 중생들 구하려 외롭게 산중에 진리를 더 찾으려 하십니까.

곱디고운 얼굴 세파世波에 찬이슬과 찬바람 조석으로 맞아서 그랬는지 보드랍고 어여쁜 뽀얀 살결, 연지 곤지 다 어이 가고 잔주름 거친 피부에 아랑곳하지 않은 인내는 자비스러움은 부처님 모습인데 스님의 마음은 아직 수줍음 미소 소녀 시절 그 모습 그대로 옛날이 보이네요. 세월의 굴곡에도 여전히 회색빛 승복에는 새하얀 광채가 빛나고 덕을 한 아름 안은 불상에는 부처님 미소가 늘 반기어 주시는 포근함, 대웅전 처마 끝에 흔들리는 풍경소리 처량한 나그네 귓가 청량한 고뇌를 달래네요.

스님! 음력 사월이면 부처님 오신 날. 나그네도 스님의 도량에 들러 속가俗家 전생全生에 지은 죄 벗어보려 진실 반 호기심 반 부처님 계신 곳 절이 좋아 절을 찾아보니 웅비하는 풍광 감탄스런 신비 새 삶이 열리는 듯, 여기가 천당. 부처님을 뵐 낯으로 마음 정색正色하고 대웅전 마루에 좌상坐像하고 부처님 말씀 들으니 배움이 덜했는지 믿음이 덜 되는지 백팔 배도 못했는데 팔 다리 허리 심신의 피로가 몰려오고 산에 갇혀 답답함에 속가의 유혹을 결국 단절하지 못하고 외롭고 쓸쓸하게 나그네 절간 맑은 공기만 한 움큼 마시고 너털너털 내려와 결국은 속가의 무리로 다시 돌아왔네요!

내게 빛을 주신 자비로운 스님! 그 가녀린 곱디곱던 모습 긴긴 세월을 어이 지내왔는지? 오늘도 스님은 어찌 덕을 한 아름 아는 부처님 미소입니까!

스님이 바로 내게 보이는 살아있는 부처이십니다!

농부의 조건

전원의 삶을 그리며, 희망이란 꿈을 가지고 주말농장에서 땀 흘려 일을 마치고 저녁이 되니 고단했던 하루 일이 엄습해온다. 팔다리가 욱씬거린다. 밤새 뒤척이며 잠자리에 들어 헛기침 소리도 나온다. 어제일 너무 과로했는지 몸살기가 있나 보다. 한나절 노동이 이 정도인데 과연 귀농하면 평생 농사일을 할 수 있을까? 말이 농사지, 걱정이 앞선다.

틀에 박힌 도시생활 떠나고 싶은 욕망, 귀농을 결정했지만 생각과 자본, 농지만 갖고는 안 될 것 같다. 부지런함과 체력이 뒷받침되어야 할 것 같다. 혹시라도 전원의 삶 낭만에 젖은 부푼 꿈이, 한순간 실망과 실의에 빠져 포기하면 이웃 사람들에게 게으름뱅이가 들어왔다고 손가락질 받을까 두려움이 앞선다. 농사는 아무나 하는 것이 아닌가 보다. 아이고! 팔 다리 허리야.

살다가 이럴 때도 있다

머리가 복잡하다
모든 일이
마음대로 뜻대로 안 된다
세상은 요지경
삶이 고달프다.

무자식이 상팔자라고
마음 고생 몸 고생
떠날 날이 없다.
청춘 다 가고
북망산 갈 때가 되어
부모님처럼 가슴 졸인다.

불쌍한 내 어머니 내 아버지!
얼마나 맘고생하며 사셨을까.

고통의 멍에를 씌운 것은
분별할 줄 알라는 뜻이라 하니
그래도 한 세상
얽히고설켜 둥글게 살고 싶다.

추억은 내 가슴에

철이 들고 늙어가도
생각이 또렷해지는
옛날 고향산천
풀 한 포기
돌멩이 하나
가슴에 그리움으로 쌓이고

철부지 시절 사랑
그리워 혼자 몸부림칠 때
아련한 첫 사랑의 미련
다시 볼까
아쉬움에 간직한 그리움

살아보니 아쉬움뿐
"청춘을 돌려다오"
유행가 처량하게 들릴 때
돌이킬 수 없는 인생여행
종착지 향해 쉼 없이 달린다.

사랑의 아픔

비내리는 날
홀연히
잘 있으라는
그 한마디만 남기고
왜 가셨습니까

이별이란 아픔
이 슬픔을 나, 어이 할까,
정녕
떠나야 했나요?

속절없는 임
약속한 임
그대, 내 마음 모르셨나요?
내 사랑 아시잖아요.

빗속에 눈물지으며
허공 속, 이별이란
허무한 상처
나, 혼자 어이 감내할까나.

마지막 미소

멀리 구름에 가린 강 언덕
을씨년스런 적막감
하얀빛 풀어놓은 엷은 물안개
강가에 짙게 깔린 슬픈 그림 보인다.

소중한 생을 버린 채
강가에 버려진 하얀 주검
구급대원만 자리를 지킬 뿐
슬픔의 소리가 아직 없다

주체할 수 없는 슬픔
아픈 사연, 응어리 가득 안고
다시 못 올 길 왜 가야만 했나.

사자의 엷은 미소
이승의 생명
저승으로 이어가려는 듯
망각을 놓지 않으려는 미련에
떠날 때까지 아픔인가.

노년의 후회

보리 고개 촌간에 태어나, 가진 것 없이 지독히 가난하게 살다가 나 쳐다보는 이 어렵사리 아내를 얻었다.

둘이 한 몸으로 열심히 계단을 쌓아 올리고 궂은일 마다 안고 노력하니 잃은 것도 얻은 것도 제법 있네.

쳇바퀴 돌고 도는 인생, 타고난 팔자 여기나 저기나 태어날 때 제 팔자라 지 밥거리 달고 온다는 말 이젠 옛 속담.

부모 된 죄로 흥부네 집 달린 식솔처럼 내 인생은 항상 뒷전인데 남들은 후한 입담 늙어 효도 받고 살겠네 빈말이다.

다 늙어 병들고 아플 때 거동을 못하는데 먼 놈 효도가 웬 말인가, 다 늙어 후회 말고 젊을 때 잘 생각해 보시구려!

세월이란 놈

봄 여름 가을 겨울
세월 이 놈, 잘도 간다.
한해, 한해마다
희로애락 가득 담은 달력도 잘도 넘어간다.

동안童顔의 풋풋한 모습
지금은 다 어디 가고 쭈그러진 모습
잃어버린 영혼 찾으려
멀지 않은 길 헤매는 중노인처럼 자꾸 변해간다.

핑계 한 번 들어볼까
장가가서 아이를 낳고, 먹고살다 보니
대범하지 못하고, 치졸하고 옹졸한 인간성
나도 참 많이 변했구나.

늘그막 이제라도
구름 가듯, 바삐 흘러가는 세월이란 놈
외양간 쇠말뚝에 잡아매 놓고
한숨 곱게 몰아쉬다 세상 편히 가고 싶다.

허무한 인생길

심장마저 까맣게 물든
캄캄한 밤
슬픈 곡예사처럼
하염없이 어둠을 응시한다.
세월 지나니
쓸모없는 몸뚱이 어루만지며
어둠의 노래 흥얼거린다.

여기가 종점
손발 몸서리치도록 와보니
돌고 돌아
처음 그길 원점이다.

숱한 가시밭길 헤치고
몸부림쳐 얻은 수확
행여 거둔 열매 사라질까
조심스레 늙어가는 내 인생
애처로운 사연에
깊은 밤 홀로 눈물짓는다.

해가 저뭅니다

무언의 시간은 가고 해가 서산에 넘어갑니다.

붙잡으려 욕심을 내어도 해는 자꾸 서산으로 기웁니다.

어언 세월은 생계 수단의 종착지에 다 와 가네요

누가 은퇴예정자라고 했나 실감이 납니다. 슬픈 계절 탓일까요.

약간은 그렇기도 하겠지요. 인간은 감정의 동물이니까요

자학일까요? 지금의 모습을 아무에게도 보이기 싫어졌습니다.

초라한 모습, 슬픈 모습으로 보일 것만 같아 싫습니다.

나이 탓일까요?

지금까지 한평생 누가 뭐라던 내 잘난 맛에 살았는데 너무 쓸쓸합니다.

언제부터인가 남의 말에 고민하고 귀담아 듣습니다.

조그만 관심에도 감동하고 슬픈 일에 같이 슬퍼하며 눈물 흘립니다.

갱년기라고요? 글쎄요. 늦은 나이라 갱년기 때문은 아닐 겁니다.

전성기를 벗어난 시간의 간격, 약간의 감정차이일 겁니다.

그러나 인생에 예외가 있는 것처럼 한 가닥 희망을 품어 봅니다.

내 나이 겨우 쉰여섯인 걸요.

인생 나이 아흔을 보면 아직 삼십 년은 더 남아 있습니다.

앞으로 젊은 시절만큼은 못하겠지만, 노력을 더 열심히 하렵니다.

노년에 건강을 위해서 운동도 열심히 시대에 뒤떨어지지 않는 지식을 얻기 위해 늦깎이 배움도 열심히 정열적 유쾌한 삶을 위해 사랑도 아름답게 詩처럼 하렵니다.

세상을 자주 보렵니다.

여행도 철 따라 옮기면서 취미생활 자연을 詩想으로 지어내겠습니다.

낮이 되면 밤이 오듯 시간에 순응하며 내 사랑하는 사람들과 알콩달콩 살다가 이 세상 가는 게, 내 작은 소원.

지금도 시간은 갑니다. 해가 저뭅니다.

이 시간을 소중히 내 사랑하는 이를 위해 열심히 건강히 살겠습니다.

2막이 내리고 다시 3막이 걷힌다

송홧가루 오월 하늘 뿌옇게 날릴 때
웃음 뒤편에서 눈시울 젖는다.
살아온 2막 어둠으로 들어가고
새로운 3막이 열리니,
왠지 모를 서글픔, 축 처진
아쉬움 가득한 내 몸뚱이
세월 한 편에서 가슴앓이 종편을 적는다.

긴 세월
낯선 사람들과 함께
가슴으로 인연을 나눠고
수십 년 삶의 내 생활 정든 일터
이제 접어야 할 시간이 왔다
지워지지 않을 정든 사람들
만남에서 인연으로
가는 앞길 우려와 배려 고마워라
그대 아쉬움 접어두고
내 가는 길 축복이나 하여주소.

나, 살아온 보람 있소
착한 마누라 등살에 아이들 꿈도 이루고
빈 껍질에 속살이 하얗게
재산도 부풀려 소원 적당히 이루었으니
노년엔 마누라 마님처럼 모시고
집안 살림과 설거지 거들며
착한아내 뒷전에서 웃음으로
등 가려우면 긁어주는 노년 길
말동무하며 착하고 소박하고 살렵니다.

깨어라!

어둠에 묻힌 자여!
새날이 밝아온다
암흑에 묻혀 하늘 탓 말고
의식意識을 깨우치자.
기다리지 말고
더 늦기 전에 내 갈 길 찾아가자
저기 저 너머에
기름진 옥토가 있단다.

그대 아느냐
새날은,
어제 가난에 굶주리다
죽어간 사람들이
그토록 살고 싶어 하던 내일이다
오늘, 다시 못 올 그 날 위해
산 자여, 빨리 깨어라!
새날은 기다리지 않는다.

내가 가는 길

추억으로 사는 나그네
향수에 젖어
인생길 긴 항로를 걷는다.
가다 만난 은빛 돌다리
밟을까 말까 건너 뛰니
저쪽 모퉁이에서 웃음짓는
환한 내 길.

빈손으로 왔다가
주렁주렁 자식이 넷
분에 넘는 사랑 한 움큼
주제넘은 놈, 복도 많은 놈

자수성가 독학할 때
나 알던 이들
얼마나 가관이었을까.
꿈 깨라고 했지만
이제 어엿한 가장,
다가오는 인생 3막을 향해
내 길을 간다.

삶과 서정의 조화, 그 순수지향

— 김월석 시인의 시세계

문학평론가 리 헌 석

사단법인 문학사랑협의회 이사장

1. 들어가면서

김월석 시인의 작품에는 고향에 대한 그리움이 자주 등장한다. 어머니에 대한 사랑을 지속적으로 노래한 것도 고향을 떠나 살던 어린 시절의 정서에 기인하는 것 같다. 어린 시절에 정든 마을을 떠났기 때문에 한정 없이 그립던 고향, 그 고향에서 같이 자라던 친구들과 마을 사람들, 그리고 눈 감아도 떠오르는 고향의 자연환경이 그의 내면에 강렬한 이미지를 남겼을 것이다. 그 내면의 울림을 작품으로 빚어 새로운 감동을 생성한다.

그는 2010년에 첫 시집 『달 하나 그리고 나』를 발간하여 문단의 주목을 받는다. 시집의 서문에서 그는 자신을 돌아보고 〈내 삶의 의미를 찾고자 길고 긴 터널〉을 지나왔다고 확인한 후, 〈감성으로 호소하는 시인〉이 되고자 한다.

> 이른 새벽 나가실 때
> 창포물 감아올린 머릿결 사이

은비녀 유난히 반짝이었는데
온종일 먼지에 빛을 잃고
허기진 몸 산길 걸어
꼬불꼬불 십오 리길, 집을 찾을 때

산 넘어
황토 고갯마루 언덕 위에
마중 나온 철부지 손자 아이
—첫 시집 수록 작품 「달 그리고 나 할머니」 일부

시인의 할머니는 시장에 물건을 팔러 다닌 듯하다. 장날이 되면, 농사 지은 여러 작물을 머리에 이고 가서 팔아 생활용품을 사왔는가 보다. 어떻든 어린 시절의 소년은 〈달 떠오를 때/ 장에 가신 울 할머니〉가 〈난장판 장터 팔다 남은 장 물건/ 광주리에 서둘러 담고〉 귀가하기를 기다린다.

그 할머니는 새벽에 창포물로 머리를 감고 가신 것 같다. 하루 종일 장사를 하고 돌아오는 할머니를 시인은 황토 고갯마루에서 기다린다. 어린 시절의 추억이어서일까, 그의 시는 동심을 담아낸다. 〈울 할머니/ 맛있는 것〉을 사오라고 기도한다. 그런 마음에서일까, 초저녁 둥근달도 늦게 오시는 할머니를 위해 산길을 환하게 비추는 것으로 인식한다.

그 시절의 추억을 작품으로 빚는다. 세월이 흘러 할머니는 돌아가셨지만, 고갯마루에서 소원을 빌던 서정적 주체는 추억 속에 생생하게 남아 있다. 할머니를 기다리던 손자가 이제 자신도 할아버지가 되어 작품 속의 손자를 추억하기에 이른다. 이런 정서를 담아내는 작품 창작에 힘쓸 것을 그는 다짐한다.

시인은 자신이 체험한 일을 자연스럽게 표현하고자 몰두한다. 특별한 기교에 얽매지 않고 서술과 묘사 중심으로 시를 형상화한다. 이런 작품은 쉽게 읽히고, 독자들이 이해하기 쉽다는 장점을 지닌다. 그러나 한편으로는 시의 예술적 성취를 이루기가 어렵다는 단점도 내포한다. 이와 같은 작품의 양면성을 전제로, 그의 두 번째 시집 『호수에 잠긴 그림』에 수록된 작품 감상의 여로(旅路)에 나선다.

2. 삶과 서정의 조화를 찾아서

2.1 김월석 시인은 정직하고 진실한 생활인이다. 오랜 기간을 곁에서 보아온 것은 아니지만, 그의 작품에서 반짝이는 추억과 생각이 건실하다. 이와 함께 자연스럽게 이어가는 서정적 구조는 그 주체를 신뢰하게 한다. 무리하여 꾸미지 않는다. 누에고치에서 명주실이 풀려나오듯 자연스럽다.

그는 생활 속의 크고 작은 에피소드에서 작품의 소재를 찾는다. 춘하추동(春夏秋冬) 계절이 바뀔 때마다 그는 서정적 가슴앓이를 하는 것 같다. 무심히 지나칠 사소한 사물의 미세한 변화도 그의 서정적 안테나에 걸려 작품으로 빚어진다. 여명을 밝히고 찾아오는 새벽부터 별이 빛나는 밤까지 모두 시의 소재가 된다. 시를 빚기 위해서일까, 아침까지 전전반측(輾轉反側)하며 '그대'를 기다린다.

어스름
동녘 창에 빛이 든다.

밤새 나는
그대 지척이다

새벽녘 찔끔
눈 붙여 잠든 사이
어둠 저 너머
다가오는 아련한 미소
꿈속에 꿈이던가

긴긴 외로움
선잠에서 깨어
그대
기다림을 감내하지 못하고

동녘 창
바라보며
조용히 그대를 불러본다.

—「기다림」 전문

그는 간결한 시형에 자신의 '기다림'을 담아낼 줄 아는 시인이다. 대상을 지정(指定)하지는 않았지만, 시인은 그 대상을 그리워하면서 오랜 기간을 기다린다. 그를 기다리며 잊지 않는 한, 시인은 언제나 그의 지척(咫尺)에 있는 것과 다름 아니다. 간절한 마음으로 기다리다 새벽녘에야 잠깐 눈을 붙여 보지만, 그 잠에서조차 시인은 '그대'의 환한 얼굴을 떠올릴 정도로 깊은 사랑에 빠져 있다.

그 사랑의 대상이 누구인가는 중요한 것이 아니다. 돌아가신 할머니 할아버지여도 되고, 혹은 떨어져 있는 가족이어도 좋으며, 외국으로 유학을 떠난 아들일 수도 있다. 혹은 잊을 수 없는 첫사랑이라고 해도, 시인이 마음으로만 그리는 사랑은 아름다운 노래일 뿐이다. 긴 외로움으로 선잠조차도 이루지 못하며 '그대'를 기다리다 지친 시인은 동녘 창을 바라보며 조용히 그를 불러볼 뿐이다.

2.2 김월석 시인은 순수하고 섬세한 서정을 노래한다. 그는 〈깜박이는 가로등 불빛 아래/ 하얀 목련/ 수줍은 사랑으로 환하다.〉(「밤에 핀 목련이여」)고 노래한다. '하얀 목련'이 수줍다고 노래한 시구(詩句)에서 독자들은 어렵지 않게 시인의 순정(純正)한 추억과 만날 수 있다. 깜빡이는 가로등 불빛 아래 목련꽃이 환하게 피어 있는 서경(敍景)과 잊지 못할 추억의 서정(抒情)이 오버랩 되었기 때문이다.

그리하여 〈청아한 모습, 하얀 미소의/ 단발머리 목련이여/ 그대는 찰랑대는 꽃향기로 다가와/ 내 작은 가슴에 요동친다.〉고 형상화한다. 목련꽃 향기가 '찰랑'대는 것은 아마 추억 속의 '그대' 머리칼이 그러하였을 것이라는 유추를 가능하게 한다. 그리하여 〈솟구치는 홍분을 누르고〉 시인은 그대에게 〈그대 꽃잎 하나/ 찻잔에 띄워놓고/ 이 생각 저 생각/ 살짝 입 맞춘 다홍빛 살 떨림을/ 그대는 아시나요.〉라고 고백하기에 이른다.

그러나 시인의 가슴에 그려진 봄이 모두 아름다운 것만은 아니다. 「봄은 왔는데」에서 〈마른가지 연록이 돋아/ 만개한 산수화〉를 노래하던 시인은 〈봄은 왔으나/ 내 가슴은 봄이 아니다〉라고 부정하기도 한다. 이는 〈세월에 떠밀려가는/ 생의 굴레〉에 갇혀 있다는 의식(意識)에 연유한다. 이런 가운데, 서경

(敍景)과 서정(抒情)이 조화를 이룬 절창(絶唱)을 빚는다.

하얀 솜털이 부풀 듯
저기 저, 맴도는 물안개

강물을 포근히 감싸 안고
살아 숨 쉴 때마다
철 지난 강가,
빈 나루터를 적신다.

홀로, 사색에 젖은 나를
바람이 삼킨다.

잎과 잎, 가지 사이로
녹색 바람이 일어난다.
기다림에 서 있던 버드나무
머릿결이 흔들린다.

—「봄소식」 전문

이 작품은 김월석 시인의 대표작으로 평가받을 수 있을 만큼 수작(秀作)이다. 서경과 서정이 조화를 이루었으며, 시인과 자연이 하나로 융합하는 주객일여(主客一如)의 시심을 보인다. 시인은 봄에 강을 찾는다. 새벽이었을까, 안개는 자욱하고, 강가의 버들개지는 하얀 솜털이 부풀어 오른다. 이와 같은 서경을 2행으로 노래한 다음, 간헐적으로 안개가 나타나 나루터를 적시는 것으로 마무리한다.

이러한 바탕에서 홀로 사색에 젖는 서정적 자아가 등장한다. 그의 앞에는 버드나무 잎과 잎, 가지와 가지 사이에서 일어나는 바람을 본다. 실제 바람이야 보이지 않겠지만, 잎의 움직임과 가지의 흔들림으로 인하여 '녹색바람'이 된다.

이 정도로도 이 작품의 뛰어남을 확인할 수 있지만, 더욱 걸출한 형상화는 그 다음에 이어진다. 녹색바람에 버드나무 가지가 흔들린다고 노래하였지만, 기실 그것은 서정적 자아의 머리가 흔들린 것에 다름 아니다. 순서로 보아, 1차로 버드나무 가지와 잎이 흔들려서 생성된 것이 '녹색바람'이라면, 2차로 그 녹색바람에 의하여 버드나무 가지(머릿결)가 흔들린다고 노래할 리는 없기 때문이다. 이는 버드나무와 서정적 자아의 일체감을 담아내는 물아일체(物我一體)의 시심(詩心)이라 하겠다.

2.3 김월석 시인은 시를 빚는 과정을 '자신을 찾기 위한 도정(道程)'으로 인식한다. 주로 추억을 통하여 자성(自省)의 시간을 갖는데, 때로는 인생무상(人生無常)과도 닿아 있다. 〈발버둥치고 살았던 삶/ 지난날의 사연/ 가슴앓이하며 다시 돌아본다.〉는 것이나, 〈세월 그렇게/ 흔적 없이 사라지고/ 머리에는 어느새/ 찬 서리 하얗게 쌓이고/ 책갈피에 숨어 있는 지난 모습/ 지금 나와 비교하며 웃음 짓는다.〉(「나를 찾다」)고 고백하는 것이 그러하다.

작품 속에서는 그가 어떤 신앙의 소유자인지 분명하지 않다. 그런 점에서 그는 시 창작의 특정한 굴레에 함몰되지 않고, 자유로운 영혼의 다양한 형상화가 가능하다. 신앙을 가진 사람들 중에는 지극(至極)에 이르기 위하여 순례를 하기도 하고, 스스로 고행(苦行)을 하기도 한다. 이처럼 득도(得道)의 경지에 이르고자 하는 과정을 불교에서는 '소 찾기(尋牛)'라 한다. 집을 나간 소를 찾아 헤매는 과정을 통하여 스스로 진리에 이르게 하는데, 노래로 부른 것이 심우가(尋牛歌)이고, 그림으로 표현한 것이 심우도(尋牛圖)이다.

시인이 자신을 찾는 과정이나, 종교적인 성취를 위하여 순례하거나 고행하는 것은 다른 사람이 대신할 수 없는 일이다. 오직 자신만이 외롭게 이루어야 하기 때문에, 스스로 '외로운 섬'으로 인식하기도 한다.

여울지는 풍경
금빛 햇살의 물무늬

수평선 저 멀리
적막한 점 하나

외로운 섬
혼자 부르는 노래

긴 세월 돌아
눈물로 살아나는 섬

—「무인도」 전문

이 작품은 기승전결(起承轉結)의 완벽한 구성을 갖추었다. 각 연이 모두 2행으로 되어 있으며, 각 연마다 명사로 맺은 특징을 지녔다. 김월석 시인의 시 형태는 특정 양식을 고집하지 않고 자유롭고 다양한 편이다. 그런데도 유독 이 작품은 간결한 문체로 시인의 내면을 담아내고 있으며, 각 연마다 독립적인 이미지가 유기적으로 전이(轉移)되어, 감동의 물결이 새롭게 증폭된다.

1연의 〈여울지는 풍경/ 금빛 햇살의 물무늬〉는 한낮의 환한 바다를 그린 것이다. 빛이 물결에 얼비쳐 반짝이는 것을 '물무늬'라 하는데, 파도가 세거나 구름이 가득하면 볼 수 없다. 즉 1연은 금빛 햇살이 물무늬를 만드는 바다에 수변(水邊)의 '풍경'이 아름답게 비출 정도로 환한 세상을 그려내고 있다.

2연에서 시인은 외롭게 사는 자신을 수평선에 있는 작은 '점'으로 인식한다. 〈수평선 저 멀리/ 적막한 점 하나〉는 작품의 제목처럼 '무인도'일 수도 있지만, 확산적 의미를 내포한다. 사람이 사는 큰 섬도 멀리에서는 '점'으로 보이고, 지나가는 큰 배도 '점'으로 보인다. 그 '점'과 시인 '자신'을 동일시하였기 때문에 〈적막한 점 하나〉는 시인이 된다.

3연의 〈외로운 섬/ 혼자 부르는 노래〉는 이를 입증하는 단서로 기능한다. '적막한'과 '외로운'의 상관관계, 그리고 혼자 부르는 노래가 내면의 반향이기 때문이다. 이러한 내면은 4연에서 화룡점정(畵龍點睛)을 이룬다. 〈긴 세월 돌아/ 눈물로 살아나는 섬〉에 이르면, '무인도'가 시인 자신이라는 것, 시인이 새로운 삶의 전환기에 이르렀다는 것을 확인하게 된다.

2.4 김월석 시인의 정서는 연민(憐憫)에 닿아 있다. 연민은 특정 대상이나 세상을 불쌍하게 여기는 측은지심(惻隱之心)이며 인(仁)이다. 대상의 처지를 역지사지(易地思之)할 때 가능한 것이며, 이는 선심(善心) 선행(善行)의 바탕이 된다. 이와

같은 차원에서 그의 내면을 확인하게 된다.

그의 작품에 등장하는 사람은 대부분 어렵고 힘든 삶을 영위하고 있다. 작품 「생각나시나요?」는 부제가 '가난한 겨울 아낙네'인데, 해방 이후 힘겹게 살던 시골의 아낙네가 서정적 대상이다. 〈헛간에 땔감은 떨어져/ 엄동설한 추위 걱정/ 쌀독 식량도 바닥이 보였는데/ 식솔들 겨우살이 숨 쉴 걱정〉을 해야 하는 극한(極限)의 삶이다.

특히 〈동구 밖 모퉁이 흰 눈 맞으며/ 슬픈 빈손 쓸쓸히 쉼터로 가는 아낙〉에 이르러 절정을 이룬다. 시인은 여러 이야기를 생략하였지만, 그 부분을 되살려 구성하면 이러하다. 이 작품의 주역인 아낙은 식구들이 먹어야 할 양식이 떨어져서 동네 어느 집으로 꾸러 갔다. 그러나 양식을 구하지 못하고 빈손으로 돌아오고 있다. 이러한 상황에 처했다고 가정하면, 어느 누군들 눈물이 맺히지 않겠는가.

그리하여 〈눈 내리는 하늘 향해/ 저것이 쌀이라면 얼마나 좋을꼬〉라고 이루어질 수 없는 체념을 노래한다. 이러한 형상화는 실증적인 에피소드가 없이는 불가능하다. 그렇다면 이는 시인이 직접 체험한 가정사이거나, 간접 체험한 이웃의 이야기이거나, 가난하게 살았던 우리 겨레의 안타까운 현실을 재구성한 것이라 하겠다. 어떻든 이 작품은 매우 구체적이고 사실적이어서 작품의 완성도와 더불어 감동을 생성한다.

먼발치 어머니
고운 모습 어디 가고
백발의 동산 정상에서

이제나 저제나
자식 걱정하는 어머니
—「고향과 어머니」 일부

어둠 저 너머
먼저 간, 임이 즐겨 부르던
그리운 옛 노래
여명을 기다리며
조용히 불러본다.
—「누나」 일부

시인은 「고향과 어머니」에서 망운지정(望雲之情)을 노래한다. '망운지정'은 하늘에 떠가는 구름을 바라보면서 자식이 고향에 계시는 어버이를 생각한다는 의미이지만, 이를 확대하면 고향의 어버이가 객지에 있는 자녀를 생각한다는 의미도 된다. 이와 같은 의미와 함께 백발이 늘어가는 어머니에 대한 안타까운 정서를 담고 있다.

그는 「누나」와 관련해서도 사랑과 연민의 정서를 표출한다. 그 누나는 〈순한 눈빛/ 별빛처럼 초롱초롱 눈망울〉에 착한 미소를 머금던 미인이었다. 그런데 그 누이에게 '어둠'이 내렸다는 것, 그 어둠은 〈겨울 가는 길목 성에 낀 유리벽〉이 깨어지는 아픔이라는 것이다. 즉 누나를 두고 자형이 별세하였다는 것, 그래서 누나는 남편이 부르던 노래를 부르며 슬프게 살고 있다는 것을 담담하게 형상화하고 있다. 이는 슬퍼도 겉으로 슬퍼하지 않는 애이불비(哀而不悲)의 정서에 다름 아니다.

이러한 정서는 가족이 아닌 경우에도 발현된다. 〈눈물로 밤새 기다려도/ 끝내/ 오지 않은 그 사람/ 그대 날 지워 버렸나//

나 이제/ 기다림에 지쳐/ 사랑이 식어 간다.〉는 작품에서도 이를 확인하게 된다.

3. 시인의 지향(志向)에 대하여

김월석 시인이 당면한 과제는 직장에서의 정년퇴임에 따른 정서적 공백(空白)이었던 듯하다. 제도와 법령에 의하여 수용할 수밖에 없는 일이기에, 담담하게 새로운 인생을 설계한다. 〈살아온 2막 어둠으로 들어가고/ 새로운 3막이 걷힌다.〉라며 담담하게 인생 3막을 맞이한다. 그러나 내심으로는 〈왠지 모를 서글픔, 축 처진/ 아쉬움 가득한 내 몸뚱이/ 세월 한 편에서 가슴앓이〉를 하기도 한다.

특히 「재활의 의지」를 다지며 밤새워 자신의 미래를 고민한다. 〈빛을 잃어버린 나의 삶/ 도피처를 찾아/ 새로운 빛에 전하려 하였지만/ 어둠의 메아리만 맴돌 뿐,/ 캄캄한 밤이 된 지/ 오래인가 보다./ 정녕 이대로 끝나버릴까?〉 등으로 괴로워한다. 이러한 심리적 고통, 내면적 갈등에서 벗어나기 위하여 그는 문학 창작의 길에 나선다.

그는 〈회생의 요량으로/ 수없이 썼다가 지우고/ 다시 써본 하얀 자판 속/ 완성되지 못하고 흩어진/ 이름 없는 글자들/ 나는 다시 주워 모아서/ 맞추고 또 맞추고〉 밤새워 희망을 가꾼다. 시 창작이 최선의 길임을 알고 있기 때문이다.

추억으로 사는 나그네
향수에 젖어

인생길 긴 항로를 걷는다.
가다 만난 은빛 돌다리
밟을까 말까 건너뛰니
저쪽 모퉁에서 웃음짓는
환한 내 길.

빈손으로 왔다가
주렁주렁 자식이 넷
분에 넘는 사랑 한 움큼
주제넘은 놈, 복도 많은 놈

자수성가 독학할 때
나 알던 이들에게
얼마나 가관이었을까.
꿈 깨라고 했지만
이제 어엿한 가장,
다가오는 인생 3막을 향해
내 길을 간다.

—「내가 가는 길」 전문

그는 자신의 길을 예견하고 있었으며, 그에 대하여 오랜 기간 준비를 하였기 때문에 어떤 상황이 닥쳐도 슬기롭게 극복할 것이다. 그에게 다가온 인생 3막을 성실하게 영위할 것이다. 어느 누구도 미래에 대하여 단정할 수는 없는 일이다. 그러기 때문에 마음의 가닥을 선한 쪽으로 가다듬으며, 바르고 성실하게 노력할 수밖에 없는 것이다.

오랜 기간 익숙하였던 공식 생활에서 벗어나, 새로운 생활로 들어서게 되면, 누구나 조금의 두려움은 있게 마련이다. 그러나 미리 준비한 시인은 〈저쪽 모퉁이에서 웃음 짓는/ 환한 내 길〉이라고 노래할 정도로 두려움 없이 선택한 길을 걸어갈 것 같다.

그리하여 소망하는 바, 뛰어난 문학작품을 창작하여 문명(文名)을 드높이는 일에 매진하리라 믿는다. 이런 믿음으로 김월석 시인의 두 번째 시집 『호수에 잠긴 그림』 작품 감상의 여로(旅路)를 접는다.

호수에 잠긴 그림

김월석 시집

발 행 일 | 2012년 6월 15일

지 은 이 | 김월석
발 행 인 | 李憲錫
발 행 처 | 오늘의문학사
출판등록 | 제55호(1993년 6월 23일)

주　소 | 대전광역시 동구 삼성1동 125-6 한밭오피스텔 401호
전화번호 | (042)624-2980
팩시밀리 | (042)628-2983
홈페이지 | http://www.lito77.co.kr(홈페이지)

전자우편 | hs2980@hanmail.net
공 급 처 | 한국출판협동조합
주문전화 | (070)7119-1741~2
팩시밀리 | (031)944-8234~6

ISBN 978-89-5669-503-7
값 8,000원